www.jan-j-laurenzi.de

Jan J. Laurenzi (Hrsg.)

Traum treibt mich um

Maria Luise Weissmann
Im zarten Schwingen mit der Welt

Eine kleine Anthologie

Bibliografische Information der Deutschen Nationalbibliothek:
Die Deutsche Nationalbibliothek verzeichnet diese Publikation in
der Deutschen Nationalbibliografie. Detaillierte bibliografische
Daten sind im Internet unter http://dnb.d-nb.de abrufbar.

Impressum:
© 2021 Laurenzi, Jan J.
Herstellung und Verlag: BoD- Books on Demand, Norderstedt
ISBN 9783752668148

Inhalt

Hinweise:
Die Ziffern am Ende der Gedichte beziehen sie auf die Seitenzahl in der verwendeten Quelle (s. S. 76).

Deine seismographische Sensibilität
ist ja beinahe erschreckend!

Maria Luise Weissmanss Ehemann Heinrich Bachmair
in einem Brief an seine Frau vom 28. März 1928.

Das Mädchen spricht

I
Es spürt mich Einer in allem Rosenduft,
Ahne ich manchmal. Und er sucht mich auch
In Fliederblüten und den blauen Glocken.
Aber ich weiß mich selber nicht.

Ich will ihm gerne beide Hände reichen;
Nur meine Glieder sind so unbeschwert,
Dass ich mir immer wie ein Wind entgleite.
Ich glaube, dass ich noch nicht geboren bin.

II
Einmal aber werde ich sein.
Ganz plötzlich. Wie von einem Stern
Der helle Stein zur Erde fällt,
Wird tief mein Name in ihn fallen.

Der vordem ging durch alle Gärten schwer
Und träumte mich, gab mir Gesicht
Und Leib und Lächeln, als er gläubig rief:
Ich fand mich atmen.
Und erstaunte tief.

III
Aber es hängt vor allem Frühling
Ein sanfter Schleier wie Herbst.
Oder wurden meine Augen grau?
Nie blendet mich der Tag.

Ward ich der blassen Erde zart vertraut,
Oh unsrer Liebe nahe Bitternis!
Einmal werd ich der tiefste Schatten sein,
Der sie befiel.

18

Kindheit

Ein glasgeschnittner Würfel füllte das Zimmer
Sobald es wieder Abend war, den trug
Er oft und stand umtaut von Schimmer.
Draußen ging dunkler Vögel schwerer Flug
Flatternd vorbei und war wie kühles Wehn
Um seine Stirne. Manchmal, wunderbar,
Blieben die fremden Lieder um ihn stehn
Und eine Blume sang in seinem Haar.
Oft schlich er scheu, gebückt in dumpfer Last,
Und sah sich wie ein Feuer, das entlohte.
Augen waren ihm Qual und tief verhasst,
Der Wald rief ihn, und war doch fremd, und drohte:
Geweih des Hirsches, der weiß im Dunkel stand,
Wollte ihn tragen. Doch der Ast erhob
In bösem Schlage die verkrümmte Hand.

9

Das Karussell

Sie standen stumm und lauschten dem Getön
Verstimmter Instrumente tief in Schlaf:
Die starren Tiere, bunt und wunderschön.
Da sie ein Kinderblick in Schmerz betraf,

Erwachten sie. Die Löwenmähne flog
Im Wind. So klang vom Elefantenzahn
Geläut der Schellen. Rüssel schnob. Es zog
In langem Zug die stolze Karawane

Dahin. Vor ihrem steilen Aufbruch lag
Ein Palmenwald, verstrickt in Abenteuer,
Aus Lichtraketen schoss der heiße Tag,
Kakteen brannten, purpurn, ungeheuer.

11

Die Marionetten

Wir lieben unsre schlanken Puppen sehr
– Ihre weißen Gesichter sind einsam
Über Leibern, fromm von Zerbrechlichkeit –
Und spielen gern die seltsamen Verkettungen

Ihrer Arme, wenn sie sich lieben.
Tragische Gebärde ist ihnen zuteil,
Ihr dunkles Schicksal verstößt uns,
Sie sind unter fremden Sternen.

Manchmal greift uns ihr Schweigen ans Herz.
Dann springt – heiße Verwunderung! –
Tönender Schrei unsrer Inbrunst
Von ihrem entfalteten Mund.

14

Gebet der Kindheit

Es ist ein schwarzer Hund bei Nacht, Herr Jesus,
Der auf seinen Krallen die hölzerne Stiege
                                    abwärtsgeht.
Es ist ein weißer Schatten manches Mal, Herr Jesus,
Der früh am Wegrand an der Weide steht.
Heiland, die Blume, die ich dir gesät,
Ragt immer höher auf zu deinem Schein.
Du ziehst sie groß zu dir. Ich will ein Hirte sein,
Dann bin ich mit den Lämmern dir zusammen.
Die Küken sind ausgekrochen, aber dem einen
                                    fehlt ein Bein.
Die Mutter sagte vor deiner Kerze: Alle Flammen
Münden zu deiner großen Sonne ein.

17

Gebet des taubstummen Knaben

Gott, der du schwer auf meiner Lippe ruhst,
Und ist kein Tun, das du nicht tust,
Du schläfst im Ohr mir diesen tiefen Schlaf.
Da ich dich unter Mandelbäumen traf,
Du gingst umhüllt von roten Blüten ganz.
Ich stand gebückt, ich losch in deinem Glanz,
Ich sank beschwert von deiner Pracht dahin.
Und ängste, Hoher, dem ich nahe bin,
Dass ich dir mehr entfernt und steinern werde –
Nimm doch, o Gott, mit deiner Glanzgebärde
Zurück den falschen Blick, der dich verkennt.
Aus dieser bunten Ferne, die dich trennt,
O kehre zur erloschnen Höhle gnädig ein!

Wie dunkeln Krug erfüllend fließt ein Wein.

17

15

Jugend des Propheten

Ich liebte Linnen und die sanften Seiden
Strich meine Hand mit Lust. ER flüsterte:
„Das harte Fell des Hirsches wird dich kleiden."

Ich saß beim Mahle und mein Blick war Schein
Des gelben Weins. Er sagte laut und hell:
„Die bittre Wurzel wird dir Speise sein".

Mein Schloss war fest ... Und als ich mich gerettet
Noch zu der höchsten Zinne, rief Er dort:
„O guter Schlaf, auf Dorn und Stein gebettet!"

Ich lag bei ihr. In ihrer Brüste Bucht
Träumt ich den Heimat-Traum. Er hat gewusst,
Ich würde einsam gehen und verflucht.

So brach ich auf. Denn dass ich ihm geglaubt,
Zwang mich sein unbesiegbar sichres Wissen.
Groß hing sein Lächeln über meinem Haupt.

55

Schwester,

Immer sind die dunkeln Abenteuer
Zwischen uns, wir können oft
Keines der vielen blauen Worte finden,
Die uns geschenkt sind.

Dann, wenn ich die schmalen Kristalle
Meines weißen Traumes Dir bringe,
Häufst Du rötliche Scheiter
Und glühst ein Feuer.

Oder ich möchte mit Abendwind
Deine schmerzliche Lippe kühlen
Und er kommt schwül von den Gärten
Meiner Sehnsucht.

Schwester, immer sind die dunkeln Abenteuer
Zwischen uns, wir können kaum
Unter Schatten erkennen, wie sehr
Wir uns lieben.

25

Ballade vom Namenlosen

Er lebte weil er geboren war,
Er fand keinen anderen Grund.
Die Mutter liebte ganz früh sein Haar,
Einmal Eine dann seinen Mund,
Doch war es nicht wichtig und verging
Auch schnell, bevor ers ermessen.
Alles in allem war so gering –
Er hatte als er zu sterben anfing
Sich schon seit Jahren vergessen.

51

Karneval des Unbeschwingten

Ach, ich war mir ganz entlaufen,
Tanzte fremd im fremden Land
Und sie wollten mich schon taufen:
Einer doch den Namen fand,

Der mich rief, wie sie mich nannten
Damals, einst, vor langer Zeit ...
Und ich wusste: sie erkannten
Unter dem gemalten Kleid

Doch den Fremdling, der verblieben,
Nun sich selber unbekannt.
Sein verstoßnes Herz zu lieben
Stand er rot an einer Wand.

53

Abenteuer

Nun hat der weite Weg mich ganz verloren,
Wie floh mich Anfang, Ende und die Mitte!
Ich bin in einem tiefen Kreis geboren,
Ich höre meine leichten Schritte
In einem fernen Lande widerhallen,
Ich höre meine leisen Worte
In eine dunkle Stille niederfallen,
Ich schreite durch viel fremde Orte,
Fühl mich gehalten, stille, wie zu Haus,
Und muss doch gehn, und gehe wie für immer,
Und schau nach meiner Rückkehr lächelnd aus –
Ich weiß so viel: Ich kenne schon das Zimmer,
Der blauen Ampel süß gestilltes Licht,
Ich hörte schon vor tausend Jahren diese Stimme,
Wie sie mir zitternd das Willkommen spricht.

13

Juni 1919

Die dunkle Frühe trägt mich schwer im Schoß,
Sterbend die mich gebar dem blassen Morgen;
Mit Heckenrosen werd ich langsam groß,
Berg muss mir seine blauen Schatten borgen,
Wenn Mittag mich in steiler Glut versehrt.
Zum Abend führt, von müder Last beschwert,
Bachüberwankend scheu das schmale Brett.
Stumm stürzen nachts die weißen Wände ein,
Die schwarzen Wälder schreiten um mein Bett.

10

Die fremde Stadt

Der Himmel ist aus viel Zement gemauert,
Sehr nah. Und grell mit Tünche übermalt
Von jenem Blau, das Litfaßsäule strahlt;
Aus Winkeln, dumpf und schwer, Verhängnis lauert,

Und Ecken starren, oh so todumschauert, –
Klippen, – ich Woge, jählings dran zerschellt,
Bis mich die Flut zerschmettert weiterwellt.
In diesem Autopfiff, der Nächte überdauert,

Ging mir die ewige Seligkeit verloren.
– Oh Engelstimmen, oh Gesang der Harfen,
Gebetshauch, Palmenduft, oh Flügelwehn! –

Ich stoße mich an fest verrammten Toren,
Ich starre rings in tausend Schreckenslarven,
Ich bin so müd, und darf nicht schlafen gehn.

9

Möwe über der Brücke

Dir unterm Fuß,
Zwischen den Ufern Schreitender, spannt
Sich der Brücke gewölbter Bogen.

Und eine Möwe,
Wie ein Gedanke fernher blitzend,
Schießt auf dich ihre blendende Bahn.

Eine Sekunde
Stößt ihr Auge in deines, greift
Dich der weißen Schwinge Umarmung.

Eine Sekunde
Hebt dich der Flug, trägt dich der Geist,
Der schwerelose, brausend empor.

Es weht dich an
Der unendliche Raum, es rauscht
Freiheit dir unermesslich ums Haupt.

Wie ein Gedanke
Der weiße Vogel, fernhin sich windend,
Und kehrt dir einmal wieder vielleicht

Solange noch
Von Ufer zu Ufer, Wanderer, dich
Der Brücke schweigender Bogen trägt.

Nachts

Ich kaure immer
Und höre mein Blut
Rauschen, den dunkeln Strom.

Sucht meiner Seele
Müder Fährmann
Deinen Schatten auf mondener Bucht.

Aber Du kamst nicht.
Er wartet lange, holte er
Dich endlich über!

14

Cereus Flagelliformis

Die Züchtigung: dies aber bist Du auch,
Du bist die harte, die umdornte Rute
Aus einem bitteren verfluchten Strauch;
Wo Du auch triffst, da triffst Du tief im Blute.

Du bist was schmerzt. Nichts auf der Welt schmerzt
                                             mehr,
Kein Schmerzendes ist ohne Dich. Bewegst
Du Deine Hand, schon überhäufst Du schwer
Mit Schmerz der Leidenschaft. Du schlägst

Mit Widerhaken tausendfach verschlingend
Ins Fleisch Dich ein, dass, ob Du dort ob hier
Verweilst, es schmerzt. Und zogen einst sie singend

Zu ihrem Gott, die blutige Geißel schwingend,
So treibst Du mich, Unruhe über mir,
Nun aus mir fort: ins Unerreichte zwingend.

47

Ich sah dich an

Ich sah dich an, o dass ich dich
Niemals gesehn, nun bin ich blind,
Nun bist du groß, nun führst du mich
Ein irres Kind.

Und wo das Haus, das sichre Haus
Mir einst im Wind geborgen stand,
Da zieh ich aus, da zieh ich aus
In Niemands Land.

Und wo ich bleib und wo ich steh,
Wächst Schierling süß und duftet wund,
Umhaucht mich schwer, bespricht mich weh
Dein liebster Mund.

Wohin ich geh, wohin ich treib,
Traum treibt mich um, nie mehr erwacht
Die trübe Seel, der arme Leib
Aus deiner Nacht.

62

Mich ergriff der Schmerz und sprach

Nun bist du mein.
Ich bin das starke Haus, das dich behaust,
Ich bin im Haus der stärkste Stein.
Wenn du vertraust –
Ich bin das sichre Haus und schließ dich ein.

Ich bin das Brot,
Ich bin das gute Brot, das dich erhält,
Ich bin im Brot die große Not,
Die dich befällt,
Speis ich dich nicht; ich bin das Brot.

Ich bin der Wind,
Ich bin der Atem, der dich weich umweht.
Ich bin (die laue) Luft, die dich umsinnt,
Die nur zu kommen geht.
So bist du mein. Ich bin der weite Wind.

Versieh dich nicht –
Ich bin es auch, die deine Hand sich bricht,
Die Blume klein. Und bin das Licht,
Das süße Licht,
Das sie umflicht –
Denn du bist mein. Versieh dich nicht!

71

27

Oft aus den tiefen Schächten der Nacht

Oft aus den tiefen Schächten der Nacht
Steigst Du empor: Dir trieft
Dunkel Schweigens Gewässer
Aus dem verworrenen Haar.

Oft vor der Röte des Morgens
Steht das Gebirg, Deine Stirn,
Schweifender Hang der Wange um
Deines Mundes vereisten Grat.

Abends dämmert Dein Schatten oft.
Tief aus dem Spiegel des Sees,
Blicklosen Blickes hebt
Sich Dein goldenes Auge auf.

Allein im Mittag seh ich Dich
Beweglich, flüchtigen Fußes
Ziehn wie die Zeit. Du schüttelst
Lächelnd Hände und Haupt.

65

Gesang an die Stadt

Du brachst im schönen Leib der Landschaft auf.
Wie eine Eiterbeule aufbricht, brachst du
Auf in den Tag und liegst du gleißend nun
Unter den Sternen nachts.

Nun gehen alle großen Straßen zu dir hin:
Zu dir die Mühsal-Straßen, staubbedeckt,
Die Eisen-Adern, und die unsichtbaren
Straßen der Luft spannen sich nach dir hin.

Und alle großen Ströme münden in dich ein:
In dich die breiten, breiten Ströme Blut,
Die Ströme Lust, die Ströme Schmerz, es stürzen
Zu dir die tausendfachen Ströme Tod.

Dass, wer in dich trieb, Wirbel, sieht zurück
Und sieht nur Weg: sieht noch in Kindheitsjahren
Von Kindheitsdrachen sehnsuchtsvoll befahren
Nach dir ein ziellos reines Blau.

58

Geh nicht vor mir ...

Geh nicht vor mir in dieses unbesungne
In dieses dunkle Reich, das Keiner kennt;
Damit Dein Name, dieser lang verklungne,
Wenn ich ihn ruf, noch Dich mit Namen nennt.

Vertausche nicht Dein Angesicht mit jenen
Veränderlichen aus dem fremden Kreis,
Die oft im Traum vorübergehn und denen
Ich keinen Gruß und keinen Wunsch mehr weiß.

Lass mich beim Brot gedenken und beim Wein,
Dass Du noch glühst, lass nicht mit Schatten-Speise,
Mit Blut und Mehl verstohlen her Dich rufen,

Wie man Geschiedne ruft: es steigt ihr Schein
Und ihre unsichtbare Sohle leise
Erdwärts herauf die ungeheuren Stufen.

66

Ballade vom Schatten

Engte mich mein kleiner Schatten ein,
Kleiner Schatten, der mich streng umschrieb,
Mir drei Schritt voraus, zur Seite ging
Oder drei in meinem Rücken blieb.

Sprach ich: Schatten, böser Spiegel Schatten,
Soll ich ewig treuer Diener sein,
Immerfort von deinem Maß beschlossen,
Ewig Abbild und für ewig dein?

Schatten sprach darauf: Gib mir ein Licht,
Größres Licht gib mir, mich drin zu strecken,
Und ich geh von dir, groß und namenlos
Weithin fremde Erde zu bedecken.

Frau, da ging deines Blickes Mond,
Deiner Augen Sonne schräg überm Himmel auf.

(Unvollendet)

52

Don Quichote kämpft mit Gott

Da Du mich segnen sollst, was frommt Dir dies,
Dass Deine Hand, Gewaltger, mich verstieß,
Dass Deine Kraft, Gesegneter, mich ließ,
Dass mich Dein Atem, Zürnender, verbließ?

Nun lieg ich irgendwo. Und ich bin nicht mehr
Als Staub im Staube, unerkennbar, sehr
Gering. Und schweift Dein großes Auge her
Auf meine Stätte, trübt sichs wolkig leer.

Ich aber lass Dich nicht. Da Du verneint
Mir andern Kampf, sieh, Reiner, her: ich bot
Dich auf, in Pfützen spiegelnd, kämpfe, Feind

O Einziger mit Dir: Du würgst mich wenn
Der Staub mich würgt. In jede ärmste Not
Reiß ich Dich Gott: Du segnetest mich denn.

55

Der Einsiedler

Er hatte seit Jahren nicht mehr gesät
Verstreut noch reifte ihm das Getreide
Zuletzt ließ er den Hafer ungemäht
Sein Pferd verlor sich auf der Weide.

Er brach eine Zeit noch Beeren vom Ast
Als müsste er einen Hunger stillen,
Dann vergaß er auch diese letzte Last
Um seiner tieferen Ruhe willen.

Er saß vor der Hütte bei Tag und Nacht
Die Hütte verfiel in Wind und Regen
Allmählich wuchsen die Gräser sacht
Seinen Füßen und Knien entgegen

Und wuchsen langsam durch seine Hand.
Er ward wie ein Sieb, ohne Außen und Innen.
Gleichmäßig und ganz ohne Widerstand
Konnten die Jahre durch ihn rinnen.

56

Robinson findet sich am Strand der Insel

Und dies war alles, was er fand, erwacht:
Es lag ein Leib, voll Schmerz, an einem Strand.
Hin floss ein Meer in hyazinthne Nacht,
Aufbrach in Blau ein unergründlich Land.
Der Wind lief schnell, die spitzen Möwen stießen
Auf Beute rings, und heisre Affen schrien.
Die roten riesenhaften Falter ließen
Klirrende Flügel streifen über ihn,
Er lag, ein Leib voll Schmerz, gehüllt in Feuer,
Er hob die Hand in Liebe über sich
– Getös der Welt ringsum scholl ungeheuer –
Er sagte streng, begrenzend, wissend:

ICH.

29

Robinson siedelt sich am Rand der Insel an

Und mit dem Wort wars, dass er dann begann
Die lange Zwiesprach mit sich selbst. Denn, sieh,
Er war allein. Er war im Ozean
Ein kleines Eiland. Und es kam ihm nie
Von draußen Antwort. Keine Flucht gelang.

Doch blieb ihm Sehnsucht stets. Er mochte
                                  tauschen
Den kargen Strand nicht um den Traubenhang
Der reichen Gründe, denn ihm war das Rauschen
Des Meeres Hoffnung. So wuchs er am Rand
Von Erde, Wasser, von sich selbst. Es fingen
In ihm Gespräche sich. Er war wie Wand,
Dünn ausgespannt, durch die die Stimmen gingen.

30

Robinson sucht Gott

Bist Du denn überall der Erste? Warst
An jedem Ort, den je ein Mensch betritt,
Vorher? Denn sieh, dass Du Dich offenbarst,
Geh ich in Hoffnung. Jahre. Schritt um Schritt.
Wer bist denn Du? Der Tag und Nächte schweigt,
Wenn man ihn ruft? Der Mächtige, dem Wind,
Wasser und Land sich in Gehorsam neigt
Und dem zwei Worte zu viel Mühsal sind,
Den Armen zu erretten, der Dich sucht?
Gib Antwort, Gott! Du schweigst. Oder ich ward
Zu hören Dich in Schweigen neu verflucht?

Bist Du, o Gott, so grenzenloser Art?!

(Erste Fassung)

38

Robinson tanzt

Heut aber grüß ich dich, o Gott, im Brand
Des frühen Morgens, da ich mich befreit
Aufschwang im Tanz wie eine Welt, verwandt
Dir Gleichgewicht; da, ein vermorschtes Kleid,
Hinsanken Trauer, Lust. Nichts war, das blieb
Aus dem gebundnen Sein; wie fiel Gewicht
Von Arm und Fuß: ein leerer Raum, so trieb
Ich hin im Raum, ins Leere, es durchbricht
Mich Luft, mich Licht, mich ungeheurer Glanz,
In den ich barst, Gott; bin ich, bin ich nicht?!

Ich tanze dir den grenzenlosen Tanz.

31

Robinson füttert sein Lamm

Hier sind nicht Städte mehr, die rufen: bau!
Nicht Wein auch, der betörte: komm und schlürfe!
Kein Trug der Sehnsucht um die fremde Frau
Und keiner Tat, dass sie mein Tun bedürfe.
Hier fand sich wieder weit versprengtes Sein
Kristallen, inselhaft, ein klar Gefüge
Aus mir und mir, ersehnt. Und doch zu rein,
Dass es der Ungeweihte reinlich trüge:

Er fing ein Lamm im Weidenkäfig ein
Und pflegt es, zärtliche, geliebte Lüge.

31

Robinson ist müde

Nun will ich fallen. Fallen wie ein Stein,
Den einer warf. Wollüstig sinken ein
Ins tiefe Gras. Wie in die Nacht ein Tag
Ins weite Un-Sein gleiten. Ach, ich trag
In mir Verlöschens-Sehnsucht: Wachsein war
Zehrend wie Krankheit, und es blühte schon
Zu weißen Wissens Aussatz mir im Haar.
Schlaf: spül mich dunkel-rein! Lass Robinson
Liegen in Nacht, wie Hügel ruhn, Gebärde
Nur tiefern Schattens: dunkles Ding der Erde.

32

Robinson hat einen Traum

Was war der Traum? Ich kann mich nicht besinnen
Und seh ihn rings: Er blüht von jedem Strauch,
Die milde Kokosnuss verschließt ihn innen
Im Duft der Milch, ihn weiß die Schlange auch,
Die mich vorhin mit grünem Auge traf.
Wie seltsam ist die alte Hütte neu!
Ich fürchte mich vor dir, o fremder Schlaf,
Du Gast von weither, mächtig und nicht treu:
Du hast die Tat vollbracht, die ich nicht weiß,
Als wärst du ich. Nun um den Schritt zieht Scheu
Von Wissendem ringsum mir den verfemten Kreis.

33

Die Dämonen fassen Robinson

Warum hab ich dies Eiland so erfahren,
Dass nichts mir fremd blieb? Ach, ein Baumgesicht,
Verhängt von feuchten, windzerfetzten Haaren,
Ich traf es einmal – fault es nun mir nicht
Zwischen den Schultern? Eine Kröte war,
Fett und gefleckt, die Schlange schlürfte sie.
Auch lag ein Glied, schamlos und offenbar,
An einem Sumpf. Ein Stein vielleicht, doch wie
Aus mir gerissen. Und ein Fluss, gespalten
Wie durch mein Herz so schmerzlich. Ach, es steht
Sie, die ich sah, Verwesung in mir auf: verhalten
Glomm Gelb in Violettem. Es verweht
Der Süd mein Hirn: Nun bin ich mir entglitten
Und weiß mein Ende nicht mehr. Was geschieht,
Geschieht in mir. Ist ich. Ich bin inmitten.

34

Robinson nimmt Abschied von der Insel

Nun lehrst du mich das Letzte: lehrst zu gehn -
O schwerer Abschied! – kleine Insel, Land,
Das mir erwuchs: ich küsse deinen Strand.
In dich gebettet, in dir zu bestehn
Wie sehnt ich mich! Wir waren eins geworden
In langer Liebe: Meine Seele strich
Rauschend durch deine Wälder, stürzte sich
Brausend in deine Flüsse, sang in Worten
Tief aus dir atmend auf. O Reich, verliehen
Mir, ins Verwandte tief verwandt zu reichen:
O Leib aus Erde, Wasser, Salz, Gestein!
Und nun Verbleichen, abendliches Weichen
In das Gewesene – o dass uns kein
Verweilen ward! Dass Ewigkeit uns nur,
Verwandelten, ein schmales Teil mag sein;
Dem ewig Gehenden ewige Spur.

37

Der Gorilla

Er atmet ihre Schwüle längst nicht mehr,
Doch lastet seinem Nacken immer noch der Traum
                    der großen Seen
Und lässt ihn tief zum Sand gebückt und schwer
Im Takt zur Wiederkehr der Eisenstäbe gehn.
Er möchte wohl der Glanz der Papageien sein,
Das Duften der Reseden und der Walzerklang,
Doch bricht kein Strahl den trüben Spiegel seines
                    Auges ein:
Die Hand trägt still gefaltet den beträumten Gang
Dem fremden Leuchten still und fremd vorbei.
Manchmal, im Schrei,
Der fernher trifft, fühlt er sich jäh dem Schlund
Des Schlafes steil emporgereckt entragen
Und knirschend seiner Stirne aufgewandtes Rund
An steingewölbte Firmamente schlagen.

10

43

Auszug der Tiere

Es waren eingekreist die ahnungslosen
Verirrten Tiere eh sie sich versahn
Von Wand und Wand. Ganz fern im Grenzenlosen
Zog noch von Himmel eine blasse Bahn.

In einer Nacht war Mond in ihren Träumen.
Sie brachen auf, gezogen in das fahle
Trügende Licht. Und wie ins Laub von Bäumen
Stiegen sie ins Geäst der Kathedrale.

Und stiegen träumend fort bis in das letzte
Gezweig der Giebel und erwachten kaum
Als sich ihr Fuß hinaus ins Leere setzte:
Sie fanden sich verstiegen in dem Raum,

Der Erde nicht und der nicht Himmel hieß,
Ganz heimatlos. Sie starrten in des Lichts
Ziehenden Strahl bis sie der Blick verließ
Und sie versteinten, irren Angesichts.

59

44

Anrede

Ich atme Dich mit Sehnsucht, süßer Duft.
Wo Du verschwebst, ging aller Frühling enden,
Wo Du verhauchst, da weht von Schatten-
                                    Wänden
Herbstlichen Atems die bereifte Luft.

Ich schmecke Dich mit Andacht, edles Brot.
Wo Du gebrichst, gebricht es aller Fülle,
Wo Du ausgehst, da steigt aus ihrer Hülle
Von Überfluss die ungemessne Not.

Ich fühle Dich mit Angst, geliebter Leib.
Die Dich verlor, die Hand, wird irrer Schwere
Tasten ringsum und tasten in die Leere
Nach allen Dings unfassbarem Verbleib.

Ich höre Dich, o naher Stimme Sang.
Wo Du verstummst, wird jeder Laut in Schweigen
Hinsterben und vergeblich tief im Neigen
Das Ohr sich mühn nach einem kleinen Klang.

Ich sehe Dich mit Inbrunst, großes Licht,
Geleucht der Weite, Glanz aus tausend Fernen.
Wo Du verbleichst, kehrt unter blinden Sternen
In Dunkel das verlöschende Gesicht.

63

Aber öffne ...

Aber öffne nur die Türe,
Aber tritt nur auf die Schwelle,
Hebe kaum den Blick und spüre
Schon die ungeheure Helle,
Schon den Glanz der leeren Räume,
Die wie Wiese rasch erblühten,
Schon den Tanz der schweren Träume,
Die sich hoben, die erglühten ...
Zärtliche beschwingte Welle,
Sieh, kein Lufthauch, der nicht rühre – –
Aber tritt nur auf die Schwelle,
Aber öffne nur die Türe!

51

46

Ode an Sebastian

Oh, Du warst Baum! Darinnen Vögel schliefen.
Winde sich hold vermählten. Leoparden bogen
kühl.
Ein Lamm, Gewölk, lag leicht an Dich gebettet,
Auch warst Du weit, dass fernster Städte Dach
Noch Deiner Zweige Schatten überwölbte.
Oh, Du warst weit! Ich konnte Deinen Wurzeln, die
Den Ball, verspielte Hände, eng umschlangen,
nicht
Entgehen; Knöchel sank und blutete betränt.
Und Du warst groß! Es hing der Abendstern an Dir
Und losch vergrämt, als Du mit Stürmen Dich
besprachst,
Du trugst die Sonne auf erhobnem Haupt,
Nacht sank in Trauer, da Du es geneigt.

15

Uralt ...

Schweig, mein Geliebter; Mund auf Mund
Wurden wir groß, wurden wir alt
In einem nie gestillten Bund,
Alt wie der uralte Wald.

Alt wie der Mond, mein Lichtgesicht,
Bist du am Himmel tausend Jahr
O schmale Sichel aufgericht,
Der ich die Ernte war.

Alt wie das Meer, die dunkle Saat,
Nach dir gereift, sehnsüchtige Flut,
Steigt zwischen uns den ewigen Pfad
Dunkel das ewige Blut.

65

Sonett

So bin ich nun verführt von jedem Schatten,
Der niederglitt aus eines Vogels Flug,
Als träfe mich mit tödlichem Ermatten
Dein Wimpernaufschlag. In dem wilden Zug

Des Windes rührt mich deine harte Hand
Sehnsüchtig an, im Schilfe rauscht dein Haar,
Dem Stundenschlag, wie er verzitternd schwand,
Glich oft dein Lächeln, fern und unhaltbar.

Auch, wenn du weintest, wär im Niederregnen
Noch deine Träne – ach ich müsste dir
Selbst wo du niemals gingest, noch begegnen

(Unvollendet)

64

Mund

Ich bin nur noch ein Mund, der zu Dir spricht,
So schwand ich hin, verlor sich mein Gesicht
Und all der Leib, zu dem ich mich versammelt.
Ich bin nur noch ein Mund, der zu Dir stammelt,
Der leben blieb, sein Sterben Dir zu künden:
Er tut sich auf, und muss schon in Dich münden.

15

Tote Liebe

Was mir erwarb
Ihr süßes Licht
Was ihr verdarb
Mein Angesicht
Warum sie starb
Ich weiß es nicht.

Die Märchenbraut
Lag so im Tod
Dem Blick vertraut;
Der Wange Rot
Wer es geschaut
Fiel neu in Not.

Als hübe sie
Die er gewann
Die wie der Früh-
Tau ihm zerrann
Als hübe sie
Zu sprechen an:

Was dich mir warb
Damals im Licht
Was mich verdarb
Für dein Gesicht
Warum ich starb
Ich weiß es nicht.

Wir wissen beid
Nicht wies geschah
Wir sind im Leid
Uns nun ganz nah
An deine Seit
Sehnt ich mich ja.

Reiche mir Lieber
Noch deine Hand.
Ist sie im Fieber
Wie ich sie fand
Als sie hinüber
Gab mir den Brand?

67

Das frühe Fest

Du bist die silberne Weide am Bach.
Schatten der Wolke Du schwimmend.
Du gehst über die mondenen Wege.
Die Städte-Straßen kennen Dich.
Tiere spürten Deiner Fährte all.

Nun suchen Waller, steile, Dich gebetvoll.
Da rot mein Fuß ging – Deine Ferne brannte! –
Liebend erkannten sich die Wandernden.

16

Opuntia Monacantha

Ich nahte mich, wie einem frommen Brot
Ein Pilger naht, mit sehnsuchtvollem Munde.
Du stießest ihn, Dir aufgetane Wunde,
In eine tiefre nie gestillte Not:

Du höhntest ihn mit übernommner Hülle
Von Saft und Speisung, bitter bis zum Rand,
O bittre Frucht! Der Mund, der Dich im Brand
Einmal empfing, sieh, er verlangt die Fülle

Von Bitterkeit wie Süße; widersteht
Keiner Erfahrung mehr: Er kommt und mündet
Dürstend in Dich und nimmt und trinkt und geht

Von Dir und ist so ganz mit Schmerz versehrt,
Dass er wie ein Besessner sich entzündet
Neu aus sich selbst und endlos wiederkehrt.

46

Insekten

Tagsüber bargen die Blätter,
Bäume und Blum ihr Gesicht.
Schatten war ihnen und Retter
Wieder ein flatterndes Licht.

Aber im Abend fiel fahle
Blässe durchsichtig zu Tal.
Mond, die geneigte Schale,
Goss den Strahl.

Welt war drunter die bleiche
Alles Verbergens bloß.
Sie auch zogen vorüber
Einsam und gläubig und groß:

(Unvollendet)

54

Die Katzen

Sie sind sehr kühl und biegsam, wenn sie schreiten,
Und ihre Leiber fließen sanft entlang.
Wenn sie die blumenhaften Füße breiten,
Schmiegt sich die Erde ihrem runden Gang.

Ihr Blick ist demuthaft und manchmal etwas irr.
Dann spinnen ihre Krallen fremde Fäden,
Aus Haar und Seide schmerzliches Gewirr,
Vor Kellerstufen und zerbrochnen Läden.

Im Abend sind sie groß und ganz entrückt,
Verzauberte auf nächtlich weißen Steinen,
In Schmerz und Wollust sehnsuchtskrank verzückt
Hörst du sie fern durch deine Nächte weinen.

11

Der wandernde Stab

Ahasvers war ich einst,
Tannhäusers auch.
Ich grünte und ich schlug
Wurzeln einmal und wuchs und wurde Strauch.

Nun ist die Welt besät
Mit meiner Brut:
Ein jeder Schössling trieb
Und trieb die alte ungestillte Wut.

Trieb, die sich treibt, die Kraft.
Wen sie befiel,
Wer mich ergriff, den trifft
Ziel nur als Weg zu einem neuen Ziel.

Wer an mir ging, den kann
Kein Haus verwahrn,
Zu viele Straßen rings,
Die ungekannt ins Unbegangne fahrn,

Zu wenig Schnitter für
Die große Mahd,
Nach allen Händen drängt
Und drängt sich gierig die gereifte Saat:

Wegsüchtige, die aus mir
Geboren sind
Und noch gefangen stehn
Und seufzend wehn unter dem weiten Wind ...

Misshör die Sehnsucht nicht,
Die um dich brennt,
Mensch, fass ein Ding und geh
Ihm nach und stills und führs zu seinem End.

Mammillaria Pusilla

Sie stehen fremd in einem reinen Rund,
Tief in sich eingehüllt wie in Gefieder.
Sie gehn in sanfter Wölbung auf und nieder,
Sie bergen Zärtlichkeit in ihrem Grund,

Der unergründlich ist: sie ragen nah
Und sind Entfernte, zauberisch bewehrt.
Dann plötzlich, so entfremdet abgekehrt,
Scheinen sie näher und vertrauter da,

Rufen sie eine sanft verwehte Gier
Nach Liebkosungen, darin sie erschlossen
Sich öffneten. Doch einem schönen Tier

Unfassbar gleich in ihrer stummen Ruh
Stehen sie unbewegt und ungenossen
Und sie versagen sich so tief wie Du.

45

Wald

Die Toten meiner Jahrtausende
Sind auferstanden. Meiner Väter Blick
Ging über mich, es wandelte
Leicht die Nähe der Erwachenden.

Im Abend aber entschliefen sie
Plötzlich; aus ihren Augenhöhlen
Brachen Blumen, ihres Atems Stille griff
Nach meinem Herzen, eine blaue Hand.

12

Abend im Frühherbst

Weit ausgegossen liegt das breite Land.
Der Himmel taucht den Scheitel noch ins Licht,
Doch seitlich hebt gelassen eine Hand
Die dunkle Maske Nacht ihm ins Gesicht.

Viel fette Lämmer weiden auf der Flur,
In Gärten steht das Kraut in seiner Fülle,
Herbstwälder ziehn als eine goldne Spur,
Am Baum die Frucht glänzt prall in ihrer Hülle.

Es ist der letzte dieser kurzen Tage:
All Ding steht reif und rund und unbewegt
Schwebend in sich gebannt wie eine Waage,
Die Tod und Leben gleichgewichtig trägt.

60

Weg im Nebel

Nun wird die Spur der Füße langsam ungetan,
Und aus der Tiefe, aus der tiefen Tiefe steigt
Das Trübe, schwadengrauer Nebel himmelan.

Nun wird der Augen-Aufblick langsam leer,
Und aus der Höhe, aus der hohen Höhe neigt
Die Wolke sich, sinkt Nebel erdwärts schwer.

Nun drängt zu dem verwandten Un-Gesicht
Das Wesenlose aus den fahlen Gründen
Und hebt sich sehnend ins versäumte Licht.

Nun flieht, was war: es fliehen Busch und Baum,
Flieh'n Berg und Tal, die sich zur Flucht verbünden,
Es fliehst du, Herz. Es floh'n die Zeit, der Raum.

Land wurde Meer. Meer wurde schwälend
                                    Schaum.
Ihn schlürft, sich fröstelnd zu entzünden,
Das ungelebte Leben und der ungeträumte Traum.

61

Schnee

Träne des Himmels: der Regen fiel
Tödlich wie Schwermut fällt
Auf das geliebte zerbrochene Spiel
Auf die verwesende Welt.

Herbst schon rollte sie schwelgend hinab,
Purpurner Untergang,
Sanft nun wiegt sie zu Grab
Eigener Wehmut Gesang.

Da: im silbernen Blitz der Fröste
Sieh, Erstarrung fällt,
Selige Form; es tanzt im Kristall die erlöste
Tanzt die gerettete Welt.

61

Ich bin sehr müde

Mein Fenster lehnt sich weit in den Abend hinaus,
Die Wolken stehen über den Dächern, ein
Blumenstrauß,
Die Luft streichelt mich und ist sanft und voll großer
Güte.
Ich aber halte die Hände gefaltet, denn ich bin
müde,
Und höre verwundert auf das beschwingte
Schreiten
Der Menschen, die auf der Straße vorübergleiten,
So sehr sind ihnen heute die Glieder leicht.
Nur ich liege, schwergebettet in meine Müde.
Manchmal höre ich einen Schritt, der Deinem
gleicht,
Dann bin ich, Geliebter, wie die Musik der Schritte
leicht
Und wie die Wolken über den Dächern silberne
Blüte.
15

Krankenhaus

Geranien blühen, hektisch rote Flecken
Auf Mauern, weißen, so durchsichtig blassen:
Dass Betten sie durchschimmern. Blau mit
                                Würfeldecken.
Kaum mag der Raum die weiten Reihen fassen.

Und jene weißen Steine stehen losgefügt;
Weg findet noch verzitterndes Gelall:
Von krankem Atem sanft zu Tod gewiegt
Neigen sich Pappeln schauernd dem Verfall.

25

Der Kranke

Manchmal hebe ich meine Hände von der Decke
ins Licht.
Nicht lange, denn sie sind schwer; und sehe wie
das Licht
Sie umflicht mit einem roten Geäst von Blut.
Ich fühle eine fremde Wärme, die mir nicht wehe
tut,
Mich in einen milden Schlafschleier spinnen.
Alle Menschen kommen und gehn und sind gut.
Sie sagen: ich leide. Doch ich vergaß das. – Leid? –
Ich kann mich dunkel immer nur auf eins besinnen:
Irgendwo in der Ferne vergeht die Zeit.
Irgendwo in der Ferne muss mein Leben verrinnen.

19

Gewissheit

Sei geduldig! Nimm gelassen,
Wie der Tage Kette gleitet:
Anfang, der nicht zu erfassen,
Ende nicht. Und die sich breitet,
Mitte, ziellos, offner, enger,
Lass sie zögern, lass sie schweifen:
Unerbittlich wird ein strenger
Kreis zuletzt Dich einbegreifen.

72

Unendlicher Frühling

Ich seh dich wieder, Frühling, steigen ins Geäst.
Ich seh den dürren Zweig, von deiner Faust
                                        umpresst,
Nun wieder glühn und blühn, ich seh den
                                        Wiesenpfad
Bergauf dir unterm Fuß erstehn und wehn wie Saat.

Dann wirst du wieder um die Gipfel streichen –
Schnee, der vergeht, o Weiß, das zum Verbleichen
Sich wieder fügt, talüber quillt, o Einsamkeit,
Gelöst, hinströmend zärtlich wild und weit.

(Unvollendet)

60

Der Sterbende

Die Grenzen fallen ab von mir, ich ward
Ganz unermesslich Hingegebener.
Und so mir tief und brüderlich vertraut
Atmen in mir die fernen Dinge
Und decken mich mit aller Nähe zu.
Oh starre Hülle Abgeschiedenheit,
Die endlich wie ein schwerer Traum entglitt!
Dass ich nun weiß: wenn dann der Abend fällt,
Bricht er in mich so tief wie in die Wälder ein.

19

Gesang der Frühvollendeten

Wir denken euch im Gleiten manchmal, Lebende,
Durch Traum und Ahnung und die Flut des Abends:
Ihr Schmerzlichen, wenn ihr in schweren Taten
Zur Tiefe sinkt.
Wir stiegen steil empor,
Da unserm Aufbruch keine Ziele standen,
Uns grenzenlos die Wanderschaft empfing.
Nun sind wir über euch, und euer fernstes
Geschehen löscht, Erinnerung, vertan,
Uraltes Lächeln unserer Vergangenheit.

21

Ans Ufer dieser Welt verschlagen, wie Robinson an seiner Insel Riff ...

Ihr früher Tod kam für alle überraschend. Als Maria Luise Weissmann am 7. November 1929 – wenige Wochen nach ihrem 30. Geburtstag – starb, waren ihre Freunde und Bekannten bestürzt. Kaum vorstellbar, dass diese hochbegabte junge Dichterin dem Leben so jäh entrissen werden konnte. Obwohl: Wer Maria Luise Weissmann näher kannte, hätte eine Vorahnung haben können. Physisch wie psychisch war sie ausgesprochen empfindsam und für äußere Einflüsse extrem empfänglich. Das Kranksein war ihr treuer Begleiter. Sie litt unter einer chronischen Blutarmut. Immer wieder versagten ihr Herz und Kreislauf, führten zu einer ausgeprägten Erschöpfung und verhinderten oft ein regelmäßiges Arbeiten. So sind denn auch viele ihrer Werke unvollendet und fragmentarisch geblieben. Im Frühjahr 1928 lag sie mit hohem Fieber und heftigen Entzündungen danieder. Anfang November 1929 war es eine Mandelentzündung. Diese konnte der geschwächte Körper nicht mehr überwinden. Eine Sepsis führte schließlich zum Tod.

Die Frühe zieht sich als ein wichtiges Thema durch das kurze Leben von Maria Luise Weissmann, nicht nur wegen ihres frühen Todes. Sie ahnte, dass für sie die Dinge früh enden würden und widmete diesem Gefühl des Frühvollendetseins ein eigenes Gedicht. (S. 70). Die Frühe war scheinbar ihre Zeit. Selbst in ihrem „Abendgedicht" (das letzte Gedicht, das sie veröffentlichte) hebt sie noch das Wort „früh" in den Titel (S. 61). Ihren ersten Gedichtband nannte sie „Das frühe Fest". Der Frühling war ein häufiges Motiv in ihren Werken. Auch dort finden sich schon Ahnungen des Endes, wenn sie etwa schreibt: *„Aber es hängt vor allem Frühling / Ein sanfter Schleier wie Herbst"* (S. 9). Oder: *„Ich atme Dich mit Sehnsucht, süßer Duft. / Wo Du verschwebst, ging aller Frühling enden"* (S. 45). Dann wieder spricht sie von einer *„dunklen Frühe"*, die sie schwer im Schoße trage (S. 21). Und „*im Brand des frühen Morgens*" lässt sie jemanden tanzen, den sie wohl als Wesensverwandten erkannt hatte: Robinson – jenen Robinson Crusoe aus dem Roman von Daniel Defoe.

„*Du warst ans Ufer dieser Welt verschlagen, / Wie Robinson an seiner Insel Riff / Von Meeresfluten im Schlafe hingetragen.*" So beginnt ein Gedicht des Literaturwissenschaftlers Roman Woerner in einem Nachruf auf die Jungverstorbene. Jene, die Maria Luise Weissmann kannten, wussten, wie innerlich nah sie dieser literarischen Figur stand. 1923 begann sie mit den Arbeiten zu ihrem Gedichtzyklus „Robinson". Dieser erschien im Herbst 1924 in einer Auflage von 180 Exemplaren auf handgeschöpftem Büttenpapier. Wohl erkannte die Dichterin im Schicksal Robinsons eine Analogie zu ihrem eigenen Leben. Wie der Schiffbrüchige, sah sie sich in eine ihr fremde Welt geworfen, die sie als Bedrohung empfand, der sie aber nicht entfliehen konnte. Als einziges Mittel, die vielen Eindrücke, denen sie in ihrer großen Sensibilität ausgesetzt war, zu verarbeiten, bot sich ihr das dichterische Schaffen an. Einmal beschreibt sie ihre Gedichte als großes Fell, als einen Pelz, in den sie sich hüllt: „*Ich will denken, dass ich meine Verse um mich lege, dass sie es sind, die mir die zärtliche Wärme schenken. Ich wohne in ihnen in einer dunklen Höhle, ich bin ein einsames Tier, das keinen Schlupfwinkel hat als sich selbst*".

Wie bei Robinson war für Maria Luise Weissmann die Natur sowohl Ort der Bedrohung als auch der Erkenntnis. So spielen Naturbilder in ihrer Dichtung eine wichtige Rolle, meist in ganz konkreter Form, sei es als Tiere oder als Pflanzen. Sie trat förmlich in einen innerlichen Dialog mit ihnen und ließ sich dabei in Resonanz versetzen. Von diesem Mitschwingen sprechen ihre Gedichte. Die große Empfindsamkeit gegenüber ihrer Umgebung hatte ihren Ursprung in der Kindheit. 1899 wurde Maria Luise in Schweinfurt geboren.

Als sie gerade acht Jahre alt war, zog die Familie nach Hof an der Saale und bezog ein Anwesen mit großem Garten. Dieser wurde für das Mädchen zu einem Refugium der Phantasie. Alles Lebendige in diesem Garten – ob Pflanze oder Tier – war ihr Quelle zur Inspiration, aber auch Grund für viele unterschwellige Ängste und Befürchtungen. So sah sie nachts Bären und Wölfe durch den Gartenzaun brechen oder das ganze Haus durch ein Loch im Zaun in einen gähnenden Abgrund stürzen.

An der Schule galt sie als folgsam, fleißig und gewissenhaft. Die Schulnoten waren (bis auf Mathematik) sehr zur Freude der Eltern. Nur die vielen krankheitsbedingten Fehlzeiten machten ihnen Sorgen. 1915 beendete Maria Luise Weissmann die Schulzeit an der Höheren Mädchenschule, ein Jahr darauf stand ein Umzug nach Nürnberg an. Dort kam die gerade Siebzehnjährige erstmals mit der Literatur in Kontakt. Ihr dichterisches Schaffen begann 1917 mit dem Fragment gebliebenen Roman „Der Sieg des Lebens". Sie fand Kontakt zu jungen, expressionistischen Künstlern und trat dem Nürnberger Literarischen Bund bei, dessen Sekretärin sie alsbald wurde. Dort lernte sie 1918 den Schriftsteller und Verleger Heinrich Bachmair kennen, der unter dem Pseudonym Sebastian Scharnagel bekannt war. Daraus entwickelte sich eine innige Liebesbeziehung. Die beiden heirateten 1922. In dieser Zeit veröffentlichte Maria Luise Weissmann vor allem Rezensionen und Besprechungen von Theateraufführungen in den Münchener Neuesten Nachrichten und arbeitete für verschiedene Zeitungen und Zeitschriften. Durch die Veröffentlichung eigener Gedichte wurde Maria Luise Weissmann in literarischen Kreisen bekannt.

Obwohl ihre lyrischen Werke meist hochgelobt wurden, erwies es sich als schwierig, für sie einen Verleger zu finden. Schließlich wurde ihr erster Gedichtband „Das frühe Fest" 1922 von ihrem Ehemann in dessen eigenem kleinen Verlag herausgebracht. Es folgten

1924 der Robinson-Zyklus und 1926 eine kleine Zusammenstellung von Sonetten unter dem Titel „Mit einer kleinen Sammlung von Kakteen". Daneben schrieb Maria Luise Weissmann weiter für das Feuilleton und arbeitete an Erzählungen, Novellen, Nachdichtungen sowie einem Roman. Die immer größer werdenden gesundheitlichen Probleme verhinderten, dass sie viele dieser Arbeiten abschließen konnte. Ab 1927 stellten sich bei ihr immer längere Krankheitsphasen ein, die zu mehreren Kuraufenthalten führten. Anfang 1929 plante das Ehepaar einen neuen Gedichtband unter dem Titel „Imago". Dazu kam es nicht mehr. Heinrich Bachmair veröffentlichte die dort vorgesehenen Gedichte nach ihrem Tod, ebenso weitere Werke, z.B. die Nachdichtungen aus den „Liedern der Bilitis" von Pierre Louÿs unter dem Titel „Mytilenische Elegien".

Am 11. November 1929 fanden sich neben den Verwandten der jungen Dichterin viele Freunde und Bekannte im Krematorium des Münchener Ostfriedhofs ein. Die Grabrede hielt ein Cousin, Wilhelm von Schramm. Dabei umschrieb er das Wesen von Maria Luise Weissmann mit den einfachen Worten: „Alles an ihr war Zartheit". Ihr früher Tod machte die Literaturszene betroffen. Ehrende Nachrufe blieben nicht aus. Dabei schwang immer wieder die Hoffnung durch, dass die Lyrikerin Maria Luise Weissmann nicht vergessen werden würde. So schrieb etwa Stefan Zweig: „... ich glaube mich nicht zu irren, dass ein Teil davon nicht der Vergängnis anheimfallen wird, dem das Sterbliche an ihr zubestimmt war. Jede Anthologie der Frauenlyrik, die sie vergisst, wird ungerecht sein und ich hoffe, es wird ihr nicht an Freunden fehlen, die ihr Gedächtnis immer bewahren werden ... was immer ich tun kann, um die Erinnerung in mir und in anderen aufrecht zu erhalten, soll immer geschehen."

Die Hoffnungen blieben zum großen Teil unerfüllt: Maria Luise Weissmann geriet weitgehend in Vergessenheit. Das lag gewiss nicht an einem Mangel an künstlerischer Qualität. Es lässt sich auch vermuten, dass die Texte der jungen Dichterin schon zu vollendet waren, dass sie einen für viele zu hohen literarischen Anspruch hatten und ihr Werk deshalb (schon zu Lebzeiten) nur einem kleinen Kreis von „Lyrik-Liebhabern" vorbehalten war. Vielleicht aber hatte Maria Luise Weissmann letztlich nicht die Zeit, ihren ganz eigenen, ganz persönlichen Stil zu entwickeln. Vielleicht war es ihr nicht vergönnt, sich stilistisch vollständig von ihren berühmten Vorbildern (hauptsächlich Rilke und von Hofmannsthal) zu lösen. So mag die Transformation ihres Schreibens ins Ureigene hinein – wie vieles an ihrem Werk – Fragment geblieben sein. Auch das ist das Schicksal so manch Frühvollendeter.

Maria Luise Weissmann

Das lyrische Werk von Maria Luise Weissmann:

- Das frühe Fest. Gedichte. Pasing 1922.
- Robinson. Lyrischer Zyklus. Pasing 1924.
- Mit einer kleinen Sammlung von Kakteen. Privatdruck. Hamburg & München 1926.
- Paul Verlaine: Les Amies/Freundinnen (Nachdichtungen). München 1927.

Posthum veröffentlicht:

- Pierre Louÿs: Mytilenische Elegien (Nachdichtungen). München 1931.
- Gesammelte Dichtungen. Pasing 1932.
- Imago. Ausgewählte Gedichte. Starnberg 1946.

Quelle für die in diesem Buch abgedruckten Gedichte:

- „Ich wünsche zu sein, was mich entflammt". Gesammelte Werke. Hg. Hartmut Vollmer. Berlin 2004. ISBN 3-932245-68-7. Auch die verwendeten Abbildungen finden sich in diesem Werk.

Pierre Louÿs
Mytilenische Elegien
Das zweite Buch aus „Die Lieder der Bilitis"
Nachdichtungen von Maria Luise Weissmann
Herausgegeben und illustriert von Jan J. Laurenzi
BoD, 76 Seiten, Hardcover, vierfarbig, € 24,95 E-Book € 9,49

Ein Meisterwerk der erotischen Literatur des späten 19. Jahrhunderts!

Jan J. Laurenzi
Flores Lunae
Worte aus den Wogen der Nacht
- Gedichte -
BoD, 78 Seiten, € 7,95 / E-Book € 5,99

Jan J. Laurenzi nimmt Sie mit auf eine lyrische Reise durch die Emotionen der Nacht: Liebe, Lust, Enttäuschung, Depression und Hoffnung. Die Gedichte sind Etappen einer Reise durch eine Krise, an deren Ende ganz schüchtern ein Licht flackert.

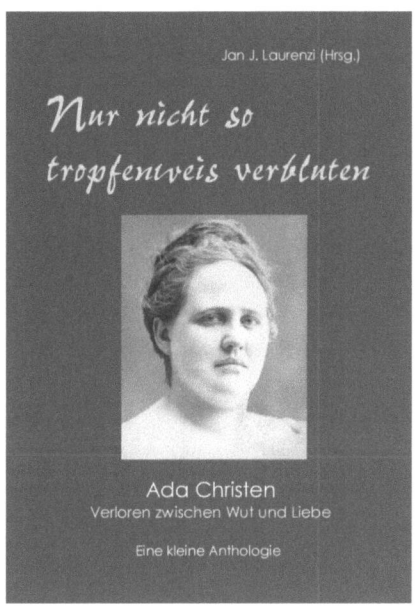

Jan J. Laurenzi (Hrsg)
Nur nicht so tropfenweis verbluten
Ada Christen – Verloren zwischen Wut und Liebe
- Eine kleine Anthologie -
BoD, 84 Seiten, € 9,95 / E-Book € 6,99

Ada Christen (1839 - 1901) war eine österreichische Schriftstellerin, die heute weitgehend vergessen ist. 1868 erregte ihr Gedichtband „Lieder einer Verlorenen" Aufsehen, in welchem sie auf bisher (vor allem für eine Frau) unübliche Weise das gesellschaftliche Leben mit seiner Doppelmoral bloßstellte und kritisierte. Diese Sammlung vereint Gedichte von Ada Christen, die beispielhaft zeigen, wie sich eine Schriftstellerin in der zweiten Hälfte des 19. Jahrhunderts bemühte, eine allgemein angesehene Dichterin zu werden, ohne ihre Überzeugungen völlig den gesellschaftlichen Konventionen unterzuordnen.